Impressum
Verlag: BABADADA GmbH, Nedderfeld 112 , 22529 Hamburg
Geschäftsführer / Verlagsleitung: Harald Hof
Druck: Books on Demand GmbH, In de Tarpen 42, 22848 Norderstedt

Imprint
Publisher: BABADADA GmbH, Nedderfeld 112 , 22529 Hamburg, Germany
Managing Director / Publishing direction: Harald Hof
Print: Books on Demand GmbH, In de Tarpen 42, 22848 Norderstedt

école

okul

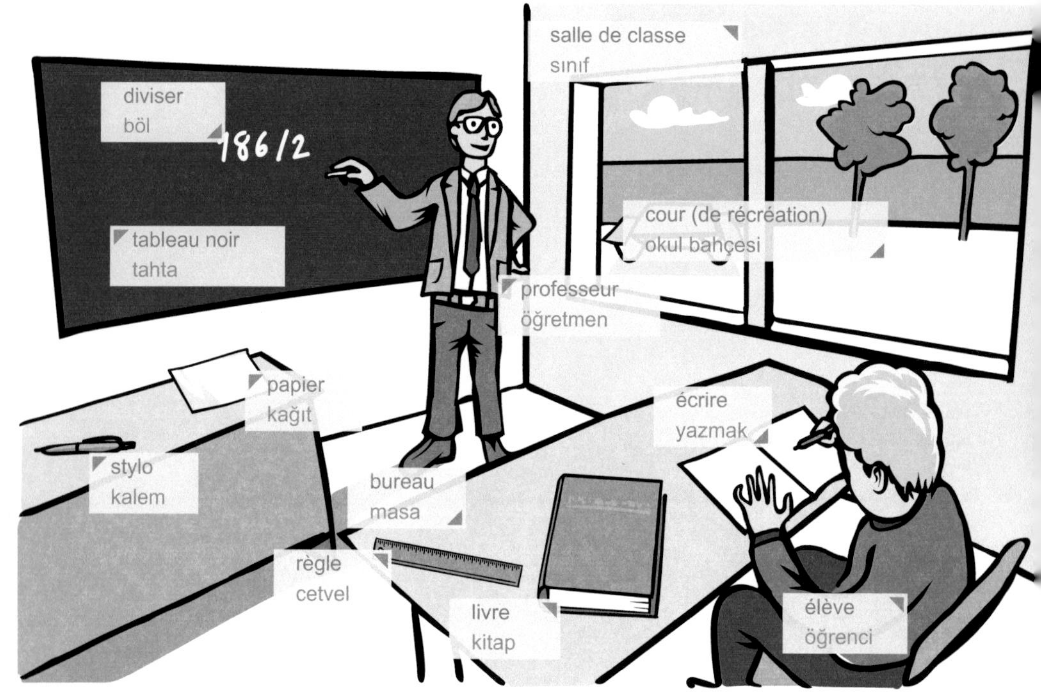

salle de classe
sınıf
diviser
böl
186/2
tableau noir
tahta
cour (de récréation)
okul bahçesi
professeur
öğretmen
papier
kağıt
écrire
yazmak
stylo
kalem
bureau
masa
règle
cetvel
livre
kitap
élève
öğrenci

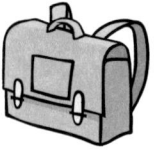

cartable
okul çantası

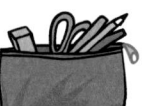

trousse
kalemlik

crayon
kurşun kalem

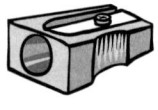

taille-crayon
kalem açacağı

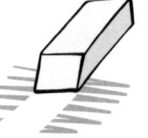

gomme
silgi

carnet à dessin
çizim defteri

dessin

çizim

pinceau

resim fırçası

boîte de peinture

boya kutusu

ciseaux

makas

colle

tutkal

cahier d'exercices

alıştırma kitabı

devoirs

ödev

chiffre

sayı

additionner

ekle

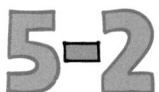

soustraire

çıkar

multiplier

çarp

calculer

hesapla

lettre

harf

alphabet

alfabe

mot

kelime

texte

metin

lire

okumak

craie

tebeşir

leçon

ders

livre de classe

kayıt

examen

sınav

certificat

sertifika

uniforme scolaire

okul forması

formation

eğitim

lexique

ansiklopedi

université

üniversite

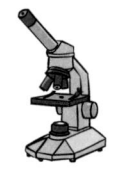

microscope

mikroskop

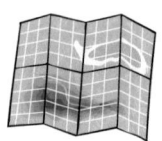

carte

harita

corbeille à papier

kağıt çöp kutusu

voyage

seyahat

hôtel
otel
Grand
auberge
pansiyon
ROOMS
bureau de change
döviz bürosu
valise
bavul
voiture
otomobil

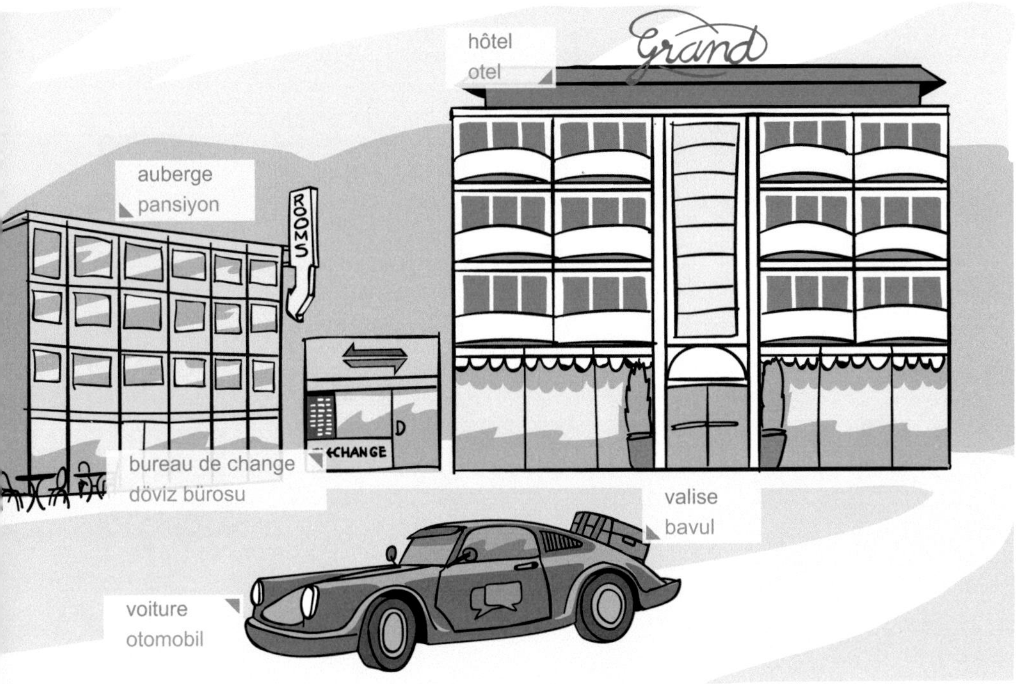

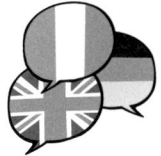

langue

dil

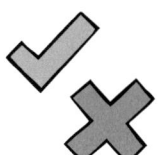

oui / non

evet / hayır

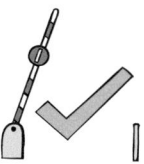

d'accord

Tamam

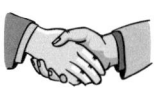

Salut

merhaba

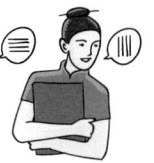

interprète

çevirmen

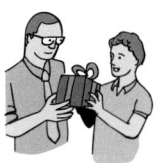

merci

Teşekkür ederim

Combien coûte...?

bu ... ne kadar?

Je ne comprends pas

anlamadım

problème

problem

Bonsoir !

İyi akşamlar!

Bonjour !

Günaydın!

Bonne nuit !

İyi geceler!

Au revoir

güle güle

direction

yön

bagages

bagaj

sac

çanta

sac-à-dos

sırt çantası

hôte

misafir

pièce

oda

sac de couchage

uyku tulumu

tente

çadır

office de tourisme

turist danışma

plage

sahil

carte de crédit

kredi kartı

petit-déjeuner

kahvaltı

déjeuner

öğle yemeği

dîner

akşam yemeği

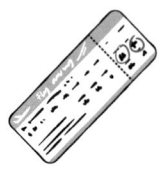

billet

Bilet

ascenseur

asansör

timbre

pul

frontière

sınır

douane

gümrük

ambassade

elçilik

visa

vize

passeport

pasaport

transport
ulaşım

avion
uçak

navire
gemi

véhicule de pompiers
yangın söndürme pompası

camion
kamyon

bus
otobüs

bateau à moteur
motorlu tekne

voiture
otomobil

bicyclette
bisiklet

ferry
feribot

barque
bot

moto
motosiklet

voiture de police
polis arabası

voiture de course
yarış arabası

voiture de location
kiralık araba

auto-partage

ortak araba

voiture de remorquage

çekici

benne à ordures

çöp kamyonu

moteur

motor

essence

yakıt

station d'essence

benzinlik

panneau indicateur

trafik işareti

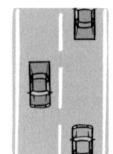

trafic

trafik

embouteillage

trafik sıkışıklığı

parking

otopark

gare

tren istasyonu

rails

ray

train

tren

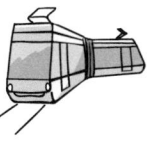

tramway

tramvay

wagon

vagon

hélicoptère

helikopter

aéroport

havaalanı

tour

kule

passager

yolcu

conteneur

konteyner

carton

koli

chariot

yük arabası

corbeille

sepet

décoller / atterrir

kalkış / iniş

ville

şehir

village

köy

centre-ville

şehir merkezi

maison

ev

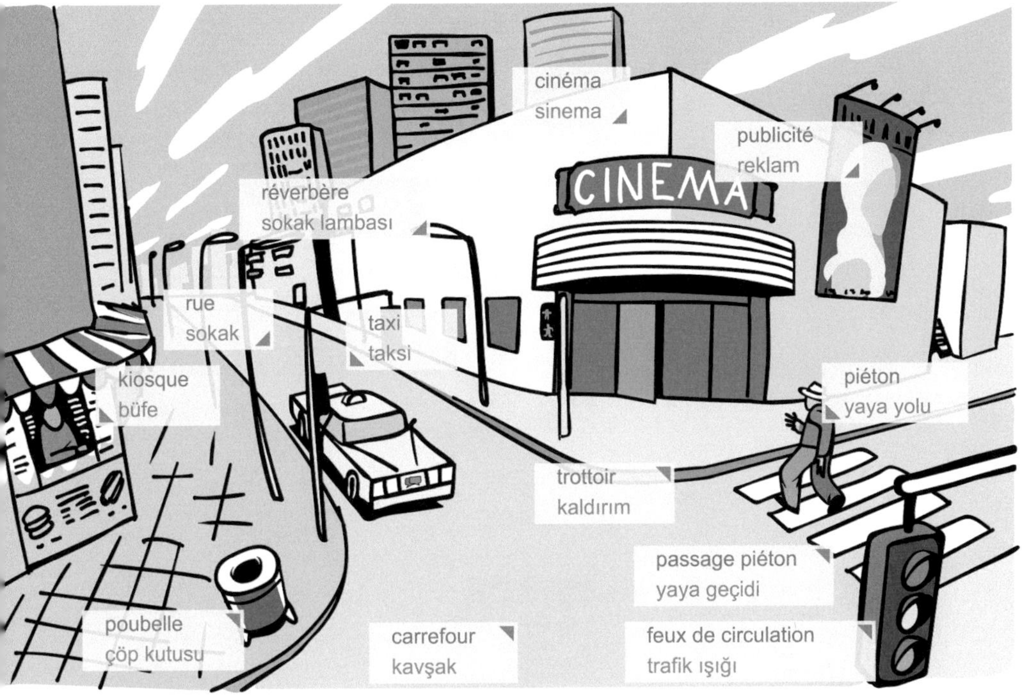

cinéma
sinema
CINEMA
publicité
reklam
réverbère
sokak lambası
rue
sokak
taxi
taksi
kiosque
büfe
piéton
yaya yolu
trottoir
kaldırım
passage piéton
yaya geçidi
poubelle
çöp kutusu
carrefour
kavşak
feux de circulation
trafik ışığı

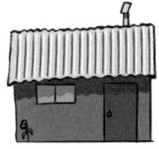

cabane

kulübe

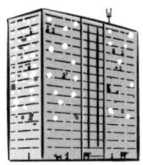

appartement

apartman dairesi

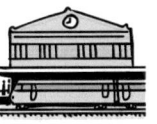

gare

tren istasyonu

mairie

belediye binası

MUSEUM

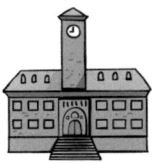

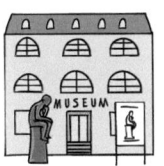

musée

müze

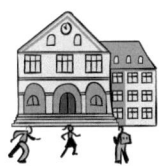

école

okul

université
üniversite

banque
banka

hôpital
hastane

hôtel
otel

pharmacie
eczane

bureau
ofis

librairie
kitapçı

magasin
mağaza

fleuriste
çiçekçi

supermarché
süpermarket

marché
market

grand magasin
büyük mağaza

poissonnerie
balık satıcısı

centre commercial
alışveriş merkezi

port
liman

parc

park

banque

bank

pont

köprü

escaliers

merdiven

métro

metro

tunnel

tünel

arrêt de bus

otobüs durağı

bar

bar

restaurant

restoran

boîte à lettres

posta kutusu

panneau indicateur

sokak tabelası

parcmètre

otopark sayacı

zoo

hayvanat bahçesi

piscine

yüzme havuzu

mosquée

cami

ferme

çiftlik

pollution

kirlilik

cimetière

mezarlık

église

kilise

aire de jeux

oyun alanı

temple

tapınak

paysage

arazi

feuille
yaprak

panneau indicateur
yön tabelası

chemin
yol

pré
çayır

pierre
taş

arbre
ağaç

randonneur
yürüyüşçü

rivière
ırmak

herbe
çimen

fleur
çiçek

vallée

vadi

montagne

tepe

lac

göl

forêt

orman

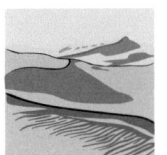

désert

çöl

volcan

volkan

château

kale

arc-en-ciel

gökkuşağı

champignon

mantar

palmier

palmiye

moustique

sivrisinek

mouche

sinek

fourmis

karınca

abeille

arı

araignée

örümcek

coléoptère

böcek

grenouille

kurbağa

écureuil

sincap

hérisson

kirpi

lièvre

yabani tavşan

chouette

baykuş

oiseau

kuş

cygne

kuğu

sanglier

yaban domuzu

cerf

geyik

élan

geyik

barrage

baraj

éolienne

rüzgar türbini

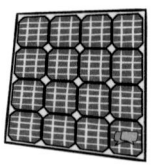

panneau solaire

güneş paneli

climat

iklim

restaurant
restoran

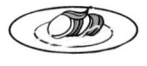

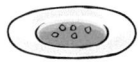

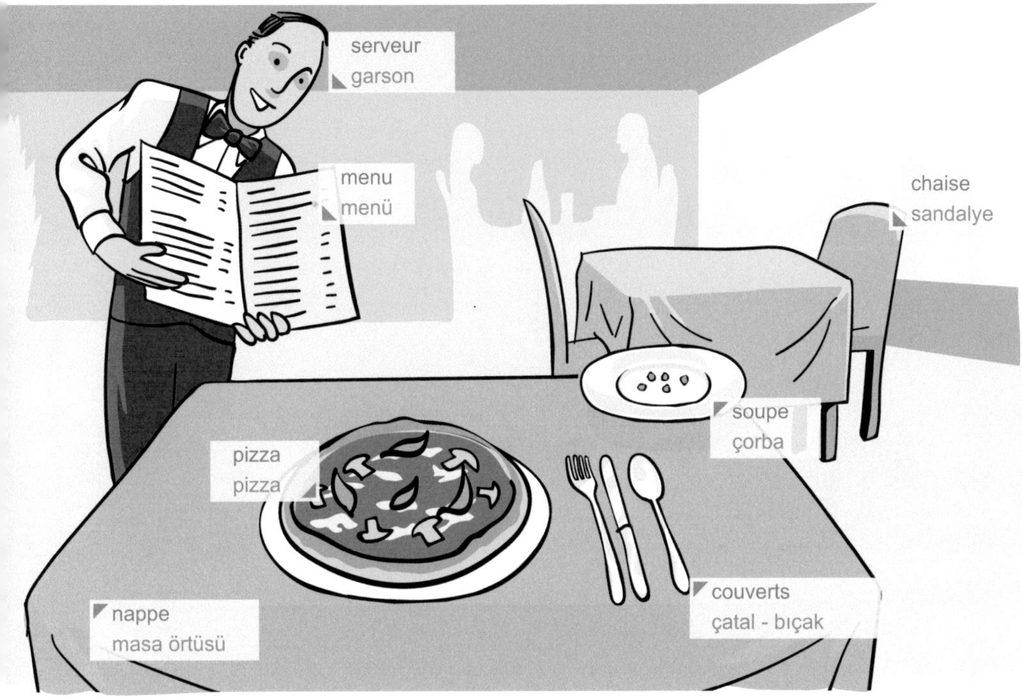
serveur
garson
menu
menü
chaise
sandalye
soupe
çorba
pizza
pizza
couverts
çatal - bıçak
nappe
masa örtüsü

hors d'œuvre

başlangıç

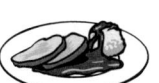

plat principal

ana yemek

dessert

tatlı

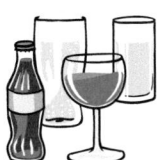

boissons

içecekler

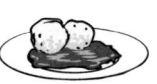

alimentation

yemek

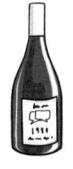

bouteille

şişe

fast-food

fastfood

plats à emporter

sokak yemeği

théière

çaydanlık

sucrier

şekerlik

portion

porsiyon

machine à expresso

espresso makinesi

chaise haute

mama sandalyesi

facture

fatura

plateau

tepsi

couteau

bıçak

fourchette

çatal

cuillère

kaşık

cuillère à thé

çay kaşığı

serviette

servis peçetesi

verre

bardak

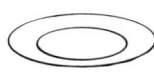

assiette

tabak

assiette à soupe

çorba kasesi

soucoupe

fincan altlığı

sauce

sos

salière

tuzluk

moulin à poivre

karabiber değirmeni

vinaigre

sirke

huile

yağ

épices

baharat

ketchup

ketçap

moutarde

hardal

mayonnaise

mayonez

supermarché
süpermarket

offre promotionnelle
özel teklif
FOR
client
müşteri
produits laitiers
süt ürünleri
fruits
meyve
chariot
alışveriş arabası

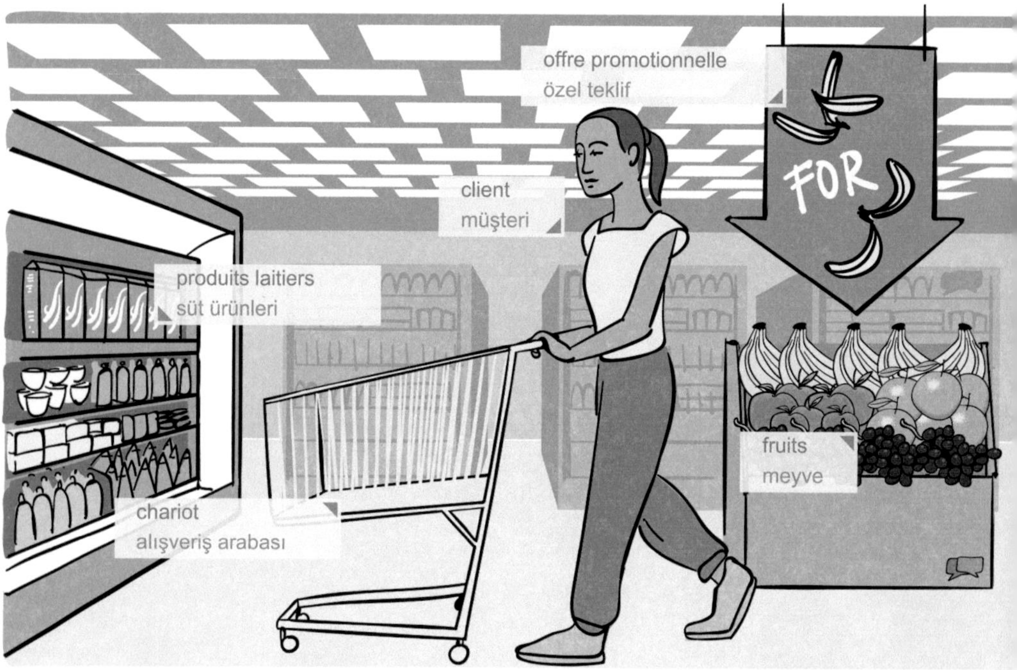

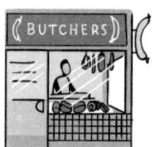

BUTCHERS

boucherie

kasap

BAKERY

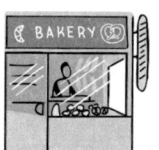

boulangerie

fırın

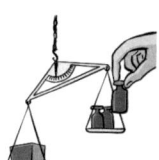

peser

tartmak

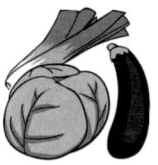

légumes

sebze

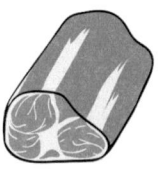

viande

et

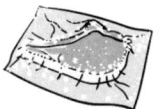

aliments surgelés

donmuş gıda

charcuterie

söğüş et

conserves

konserve yiyecek

poudre à lessive

toz deterjan

bonbons

şekerlemeler

articles ménagers

ev temizlik ürünleri

détergents

temizlik ürünleri

vendeuse

satış görevlisi

caisse

yazar kasa

caissier

kasiyer

liste d'achats

alışveriş listesi

heures d'ouverture

açılış saatleri

portefeuille

cüzdan

carte de crédit

kredi kartı

sac

çanta

sac en plastique

plastik poşet

eau

su

jus de fruit

meyve suyu

lait

süt

coca

kola

vin

şarap

bière

bira

alcool

alkol

chocolat chaud

kakao

thé

çay

café

kahve

expresso

espresso

cappuccino

kapuçino

banane

muz

pomme

elma

orange

portakal

melon

kavun

citron

limon

carotte

havuç

ail

sarımsak

bambou

bambu

oignon

soğan

champignon

mantar

noisettes

çerez

pâtes

makarna

spaghetti

spagetti

riz

pirinç

salade

salata

pommes frites

cips

pommes de terre rôties

patates kızartması

pizza

pizza

hamburger

hamburger

sandwich

sandviç

escalope

şinitzel

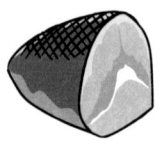

jambon

pastırma

salami

salam

saucisse

sosis

poulet

tavuk

rôti

rosto

poisson

balık

flocons d'avoine

yulaf ezmesi

muesli

müsli

cornflakes

mısır gevreği

farine

un

croissant

kruvasan

petits-pains

küçük ekmek

pain

ekmek

pain grillé

tost

biscuits

bisküvi

beurre

tereyağı

le fromage blanc

kaymak

gâteau

kek

œuf

yumurta

œuf au plat

sahanda yumurta

fromage

peynir

glace

dondurma

sucre

şeker

miel

bal

confiture

reçel

crème nougat

fındık ezmesi

curry

köri

ferme
çiftlik

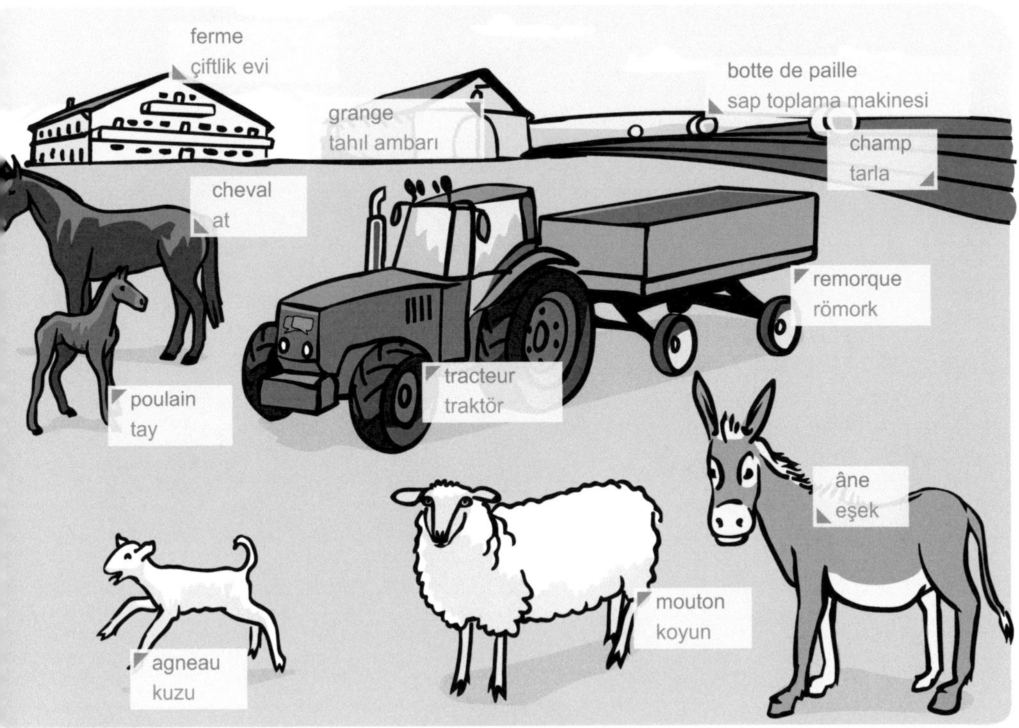
ferme
çiftlik evi
grange
tahıl ambarı
botte de paille
sap toplama makinesi
champ
tarla
cheval
at
remorque
römork
tracteur
traktör
poulain
tay
âne
eşek
mouton
koyun
agneau
kuzu

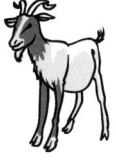

chèvre
keçi

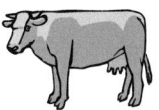

vache
inek

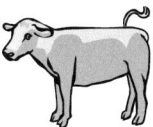

veau
buzağı

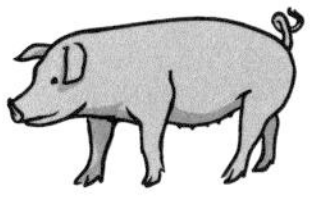
porc
domuz

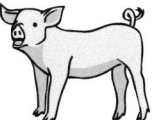

porcelet
domuz yavrusu

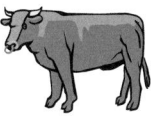

taureau
boğa

oie

kaz

canard

ördek

poussin

civciv

poule

tavuk

coq

horoz

rat

sıçan

chat

kedi

souris

fare

bœuf

öküz

chien

köpek

chenil

köpek kulübesi

tuyau de jardin

bahçe hortumu

arrosoir

sulama kabı

faucheuse

tırpan

charrue

pulluk

faucille

orak

pioche

çapa

fourche

dirgen

hache

balta

brouette

el arabası

cuve

yemlik

pot à lait

süt kovası

sac

çuval

clôture

çit

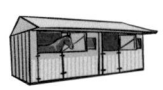

étable

ahır

serre

sera

sol

toprak

semences

tohum

engrais

gübre

moissonneuse-batteuse

biçerdöver

récolter

hasat etmek

récolte

harman

igname

tatlı patates

blé

buğday

soja

soya

pomme de terre

patates

maïs

mısır

colza

kolza

arbre fruitier

meyve ağacı

manioc

manyok

céréales

hububat

maison

ev

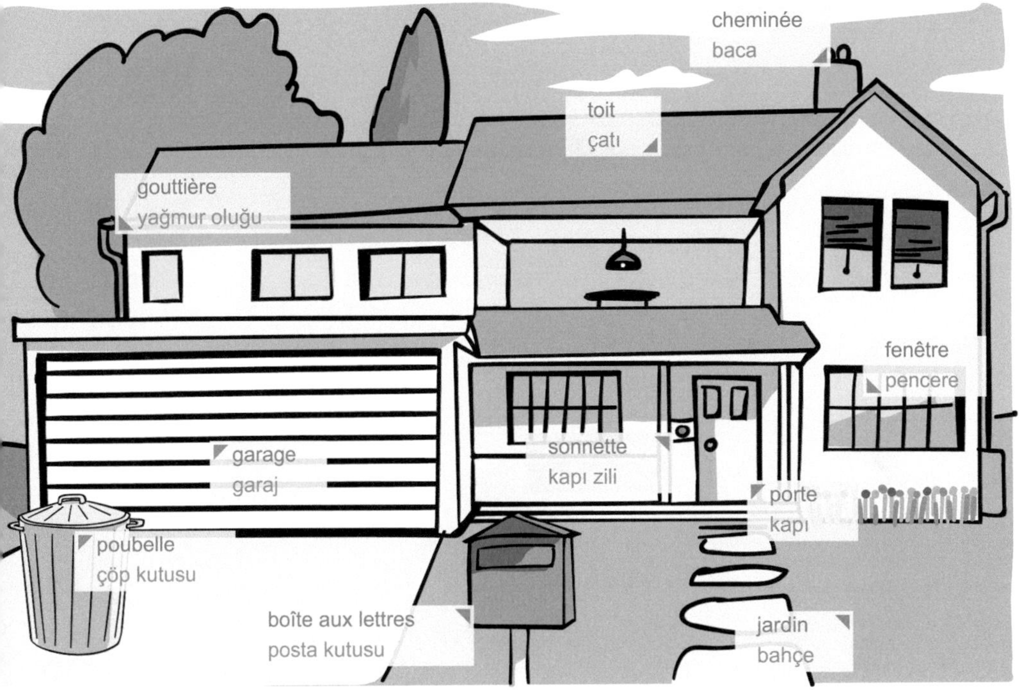
cheminée
baca
toit
çatı
gouttière
yağmur oluğu
fenêtre
pencere
sonnette
kapı zili
garage
garaj
porte
kapı
poubelle
çöp kutusu
boîte aux lettres
posta kutusu
jardin
bahçe

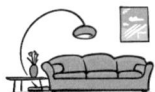

salon

oturma odası

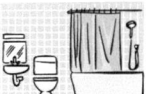

salle de bain

banyo

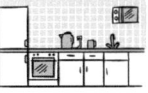

cuisine

mutfak

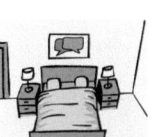

chambre à coucher

yatak odası

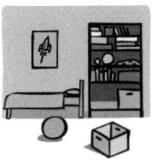

chambre d'enfant

çocuk odası

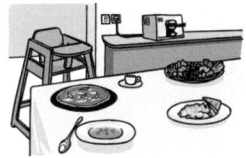

salle à manger

yemek odası

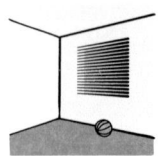

sol

zemin

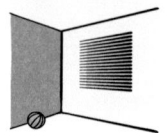

mur

duvar

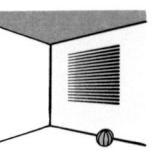

plafond

tavan

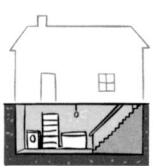

cave

kiler

sauna

sauna

balcon

balkon

terrasse

teras

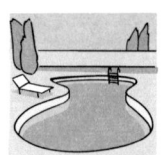

piscine

havuz

tondeuse à gazon

çim biçme makinesi

housse

çarşaf

couette

yatak örtüsü

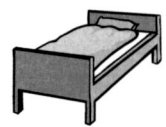

lit

yatak

balai

süpürge

sceau

kova

interrupteur

anahtar

salon
oturma odası

papier peint
duvar kağıdı
image
resim
lampe
lamba
étagère
raf
armoire
dolap
télé
televizyon
cheminée
şömine
fleur
çiçek
coussin
minder
sofa
kanepe
vase
vazo
télécommande
uzaktan kumanda

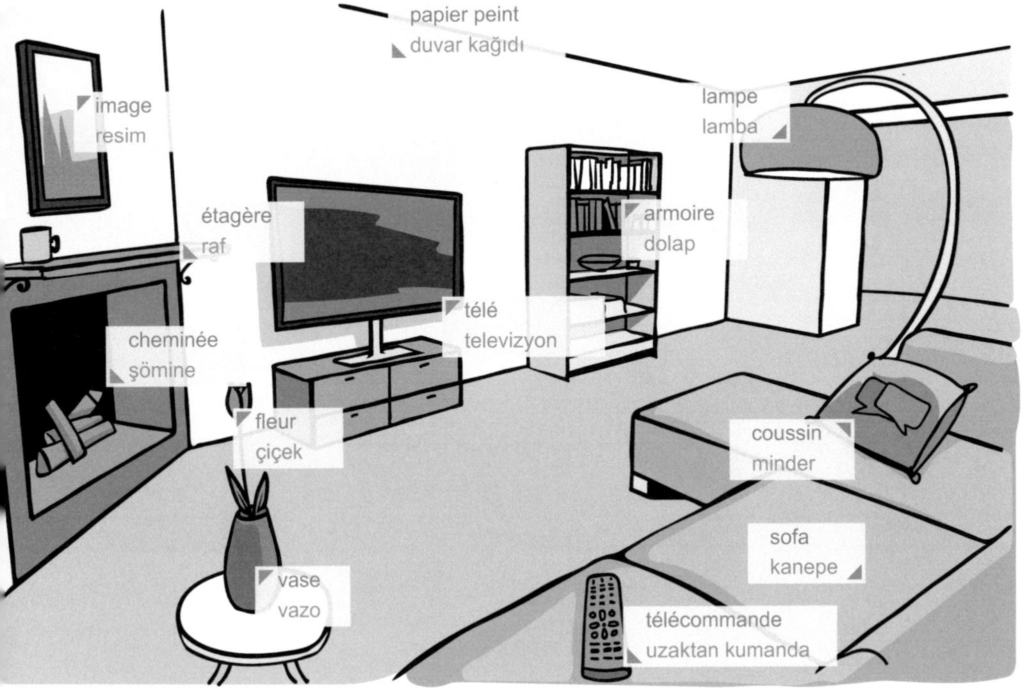

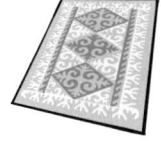

tapis

halı

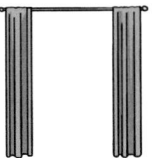

rideau

perde

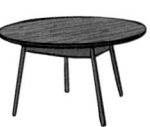

table

masa

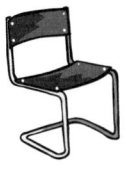

chaise

sandalye

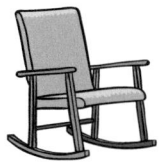

chaise à bascule

salıncaklı koltuk

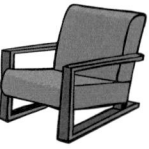

fauteuil

koltuk

livre

kitap

couverture

battaniye

décoration

dekor

bois de chauffage

odun

film

film

chaîne hi-fi

hi-fi

clé

anahtar

journal

gazete

peinture

tablo

poster

poster

radio

radyo

bloc-notes

defter

aspirateur

elektrikli süpürge

cactus

kaktüs

bougie

mum

cuisine
mutfak

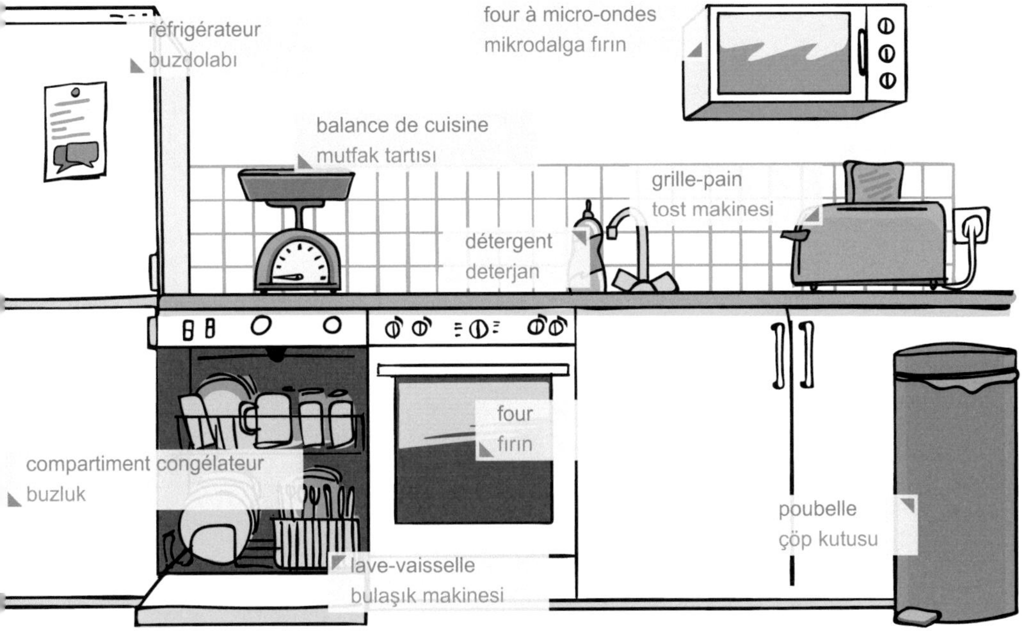
réfrigérateur
buzdolabı
four à micro-ondes
mikrodalga fırın
balance de cuisine
mutfak tartısı
grille-pain
tost makinesi
détergent
deterjan
four
fırın
compartiment congélateur
buzluk
poubelle
çöp kutusu
lave-vaisselle
bulaşık makinesi

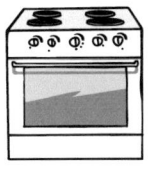

four
ocak

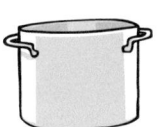

casserole
tencere

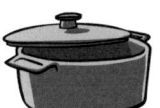

marmite
döküm tencere

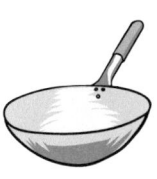

wok / kadai
wok

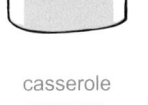

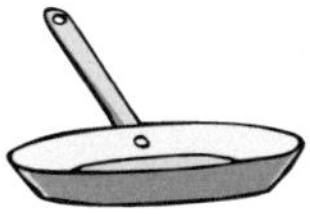
poêle
tava

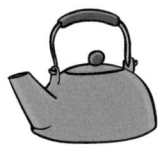

bouilloire electrique
su ısıtıcı

cuiseur vapeur

buharlı pişirici

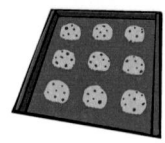

plaque de cuisson

pişirme tepsisi

vaisselle

tabak takımı

gobelet

kupa

coupe

kase

baguettes

çubuk (çin yemeği)

louche

kepçe

spatule

spatula

fouet

çırpma teli

passoire

süzgeç

tamis

elek

râpe

rende

mortier

havan

barbecue

barbekü

cheminée

açık ateş

planche à découper

kesme tahtası

rouleau à pâtisserie

merdane

tire-bouchon

tirbüşon

boîte

konserve kutusu

ouvre-boîte

konserve açacağı

maniques

fırın eldiveni

lavabo

evye

brosse

fırça

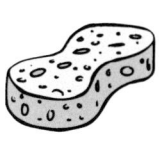

éponge

sünger

mixeur

blender

congélateur

derin dondurucu

biberon

biberon

robinet

musluk

salle de bain

banyo

chauffage
ısıtma
serviette
havlu
douche
duş
rideau de douche
duş perdesi
bain moussant
köpük banyosu
baignoire
küvet
machine à laver
çamaşır makinesi
verre
bardak
robinet
musluk
carrelage
fayans
pot
lazımlık
lavabo
evye

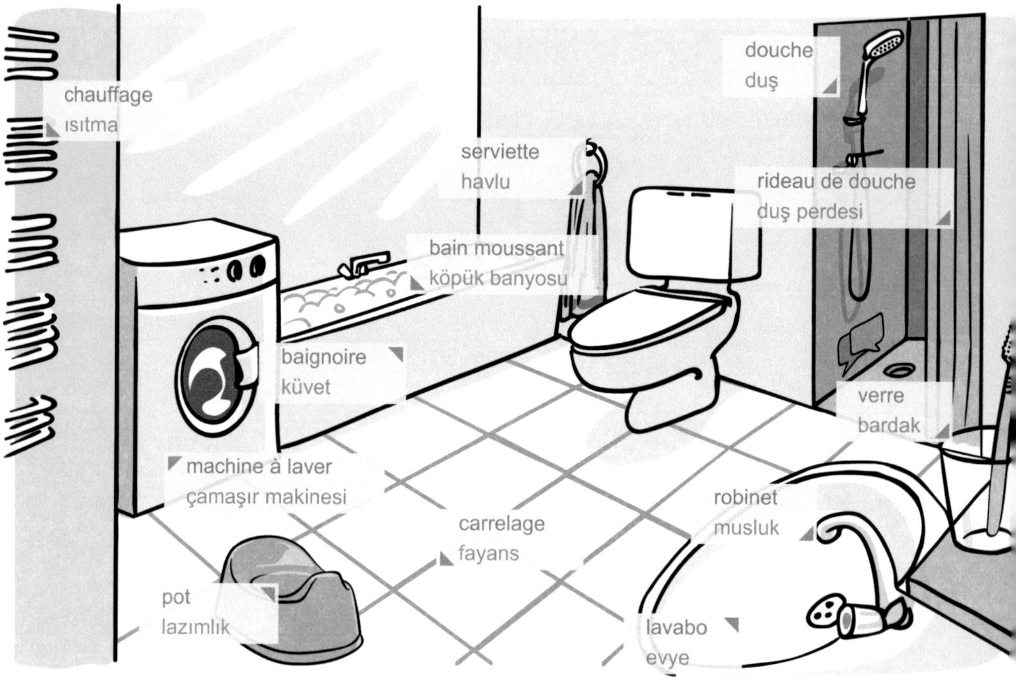

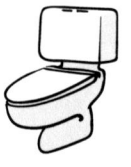

toilettes

tuvalet

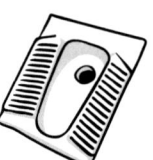

toilette à la turque

alaturka tuvalet

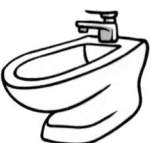

bidet

bide

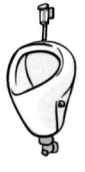

urinoir

pisuvar

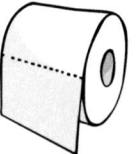

papier toilette

tuvalet kağıdı

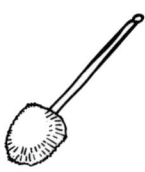

brosse à toilette

tuvalet fırçası

brosse à dents

diş fırçası

dentifrice

diş macunu

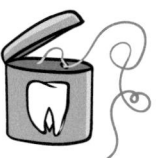

fil dentaire

diş ipi

laver

yıkamak

douche manuelle

duş başlığı

douche intime

duş başlığı şeklinde taharet musluğu

vasque

küvet

brosse dorsale

banyo fırçası

savon

sabun

gel douche

duş jeli

shampooing

şampuan

gant de toilette

banyo lifi

écoulement

gider

crème

krem

déodorant

deodorant

miroir

ayna

miroir cosmétique

el aynası

rasoir

jilet

mousse à raser

tıraş köpüğü

après-rasage

tıraş losyonu

peigne

tarak

brosse

fırça

sèche-cheveux

saç kurutma makinesi

laque pour cheveux

saç spreyi

fond de teint

makyaj

rouge à lèvres

ruj

vernis à ongles

tırnak cilası

ouate

pamuk

coupe-ongles

tırnak makası

parfum

parfüm

trousse de toilette

makyaj çantası

tabouret

tabure

pèse-personne

tartı

peignoir

bornoz

gants de nettoyage

lastik eldiven

tampon

tampon

serviettes hygiéniques

kadın pedi

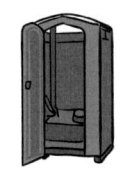

toilette chimique

kimyevi tuvalet

chambre d'enfant

çocuk odası

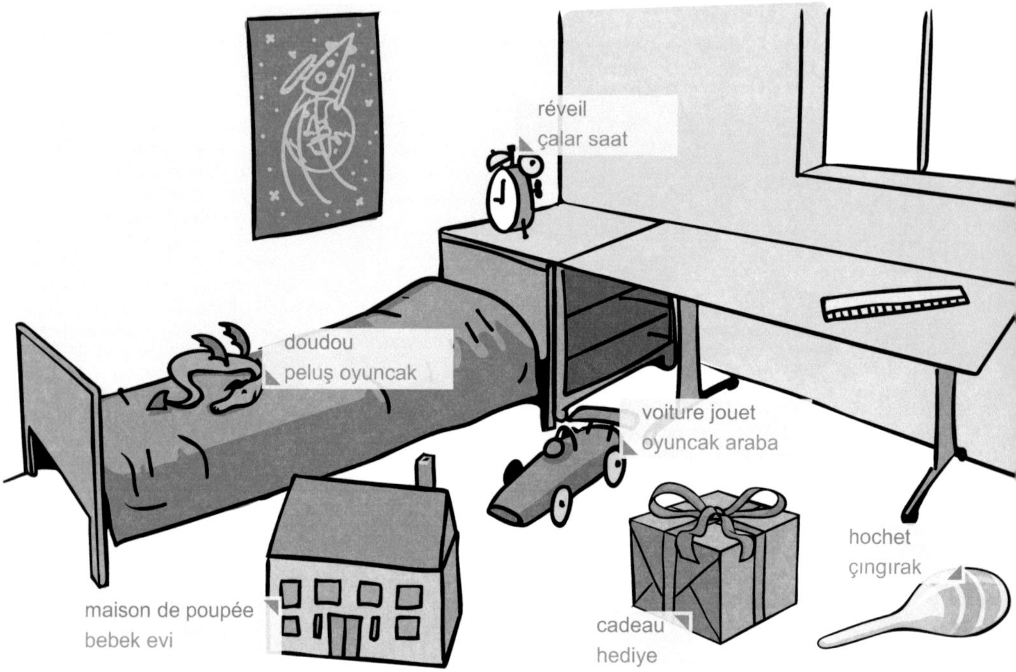
réveil
çalar saat
doudou
peluş oyuncak
voiture jouet
oyuncak araba
hochet
çıngırak
maison de poupée
bebek evi
cadeau
hediye

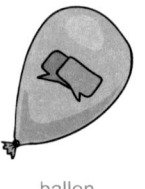

ballon

balon

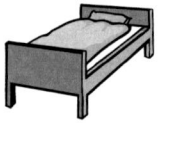

lit

yatak

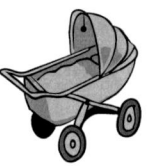

poussette

bebek arabası

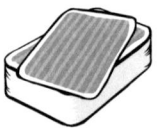

jeu de cartes

kart destesi

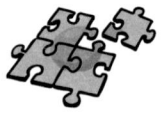

puzzle

yapboz

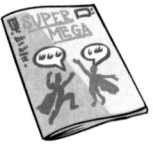

bande dessinée

çizgi roman

pièces lego

lego tuğlaları

blocs de construction

lego blokları

figurine

aksiyon figürü

grenouillère

zıbın

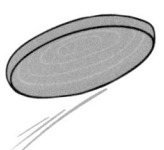

frisbee

frizbi

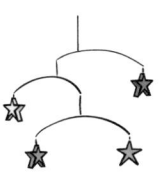

mobile

dönence

jeu de société

masa oyunu

dé

zar

train miniature

model tren seti

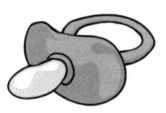

sucette

emzik

fête

parti

livre d'images

resimli kitap

balle

top

poupée

oyuncak bebek

jouer

oynamak

bac à sable

kum havuzu

balançoire

salıncak

jouets

oyuncaklar

console de jeu

video oyun konsolu

tricycle

üç tekerlekli bisiklet

ours en peluche

oyuncak ayı

armoire

gardırop

vêtements

kıyafet

chaussettes

çorap

bas

külotlu çorap

collant

tayt

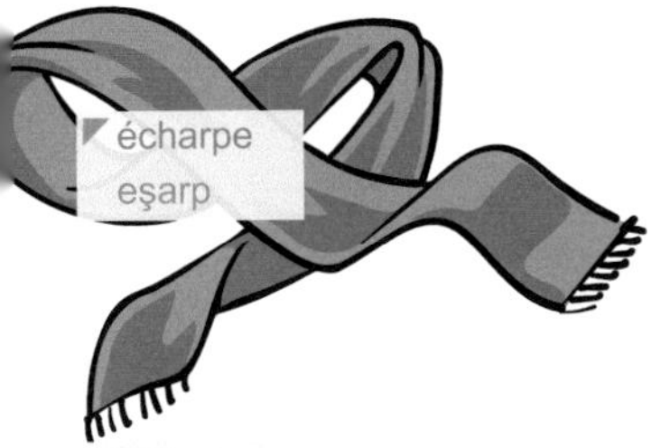

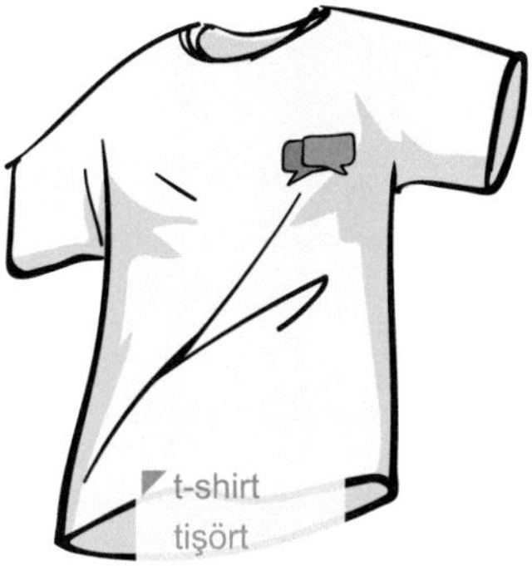

écharpe
eşarp

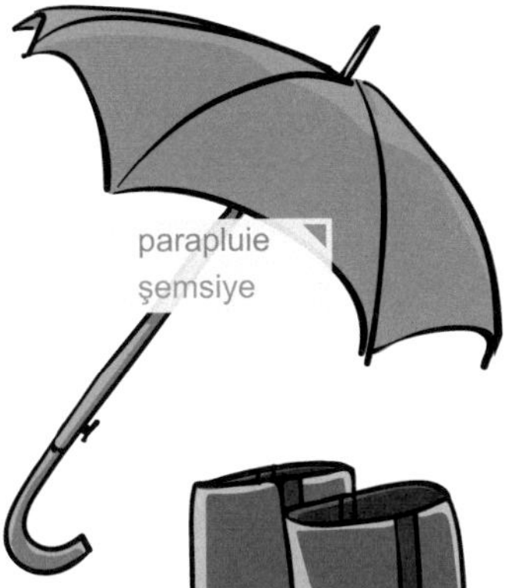

ceinture
kemer

parapluie
şemsiye

t-shirt
tişört

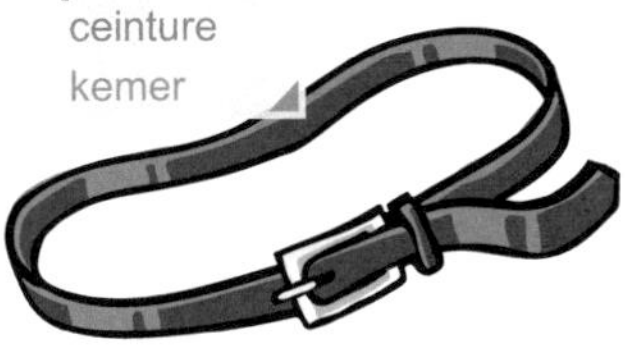

baskets
spor ayakkabı

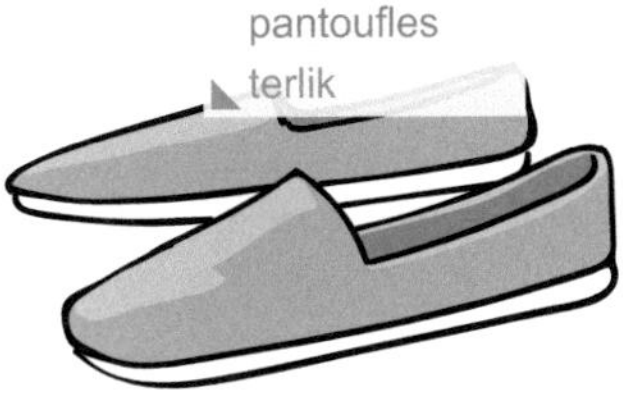

bottes
bot

pantoufles
terlik

sandales
·· sandalet

chaussures
ayakkabı

bottes de caoutchouc
lastik çizme

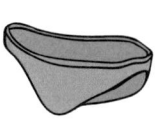

sous-vêtements
külot

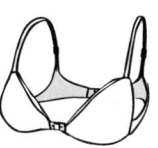

soutien-gorge
sütyen

maillot de corps
yelek

vêtements - kıyafet

45

body

dar bluz

pantalon

pantolon

jean

kot pantolon

jupe

etek

chemisier

bluz

chemise

gömlek

pull

kazak

sweat à capuche

süveter

veste

blazer

veste

ceket

manteau

mont

imperméable

yağmurluk

costume

kostüm

robe

elbise

robe de mariée

gelinlik

costume

takım elbise

chemise de nuit

gecelik

pyjama

pijama

sari

sari

foulard

baş örtüsü

turban

türban

burqa

burka

caftan

kaftan

abaya

çarşaf

maillot de bain

mayo

maillot de bain

erkek mayosu

short

şort

tenue d'entraînement

eşofman

tablier

önlük

gants

eldiven

vêtements - kıyafet

bouton

düğme

lunettes

gözlük

bracelet

bilezik

collier

kolye

bague

yüzük

boucle d'oreille

küpe

bonnet

kep

cintre

portmanto

chapeau

şapka

cravate

kravat

fermeture éclair

fermuar

casque

kask

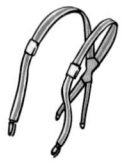

bretelles

pantolon askısı

uniforme scolaire

okul forması

uniforme

üniforma

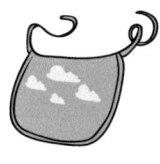

bavoir

mama önlüğü

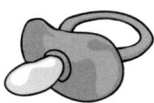

sucette

emzik

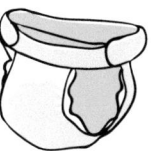

lange

bebek bezi

bureau
ofis

serveur
sunucu
armoire d'archivage
dosya dolabı
imprimante
yazıcı
papier
kağıt
écran
monitör
souris
fare
bureau
masa
classeur
klasör
clavier
klavye
corbeille à papier
kağıt çöp kutusu
ordinateur
bilgisayar
chaise
sandalye

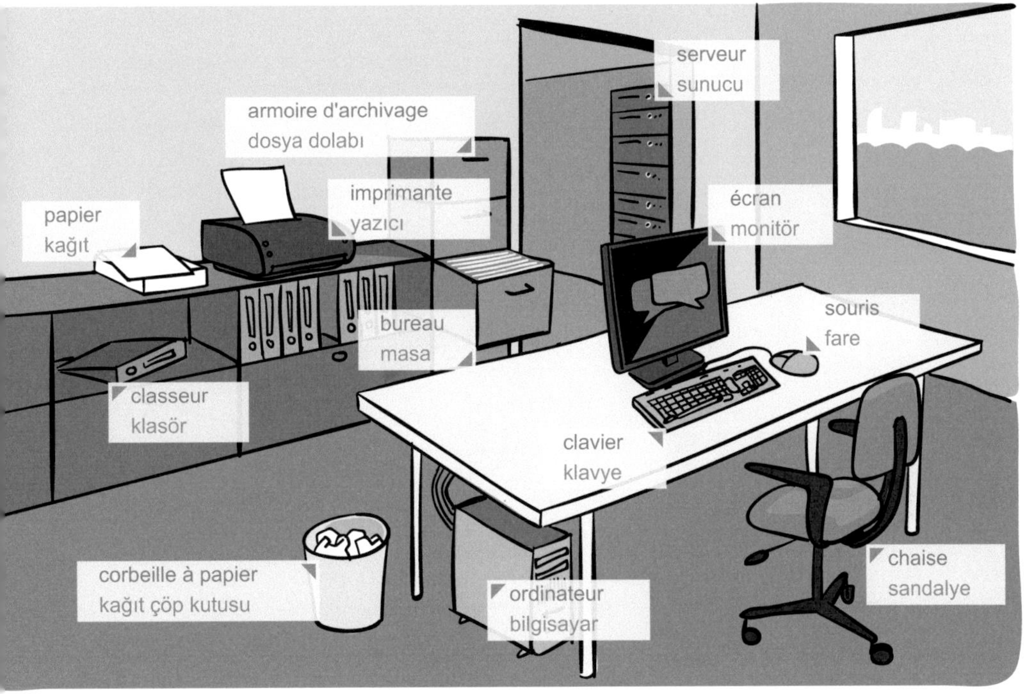

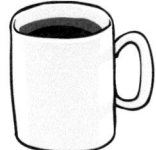

tasse de café

kahve fincanı

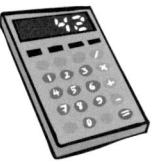

calculatrice

hesap makinesi

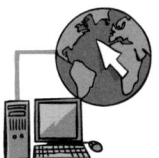

internet

internet

ordinateur portable

dizüstü

lettre

mektup

message

mesaj

portable

cep telefonu

réseau

ağ

photocopieuse

fotokopi makinesi

logiciel

yazılım

téléphone

telefon

prise

priz

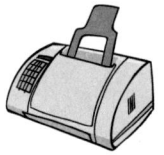

fax

faks makinesi

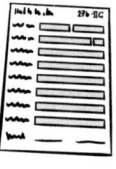

formulaire

form

document

belge

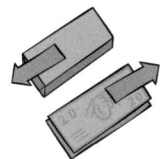

acheter

satın almak

payer

ödemek

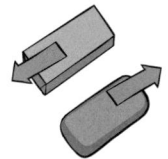

faire du commerce

ticaret yapmak

monnaie

para

dollar

dolar

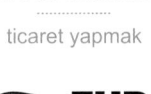

euro

avro

yen

yen

rouble

ruble

franc suisse

İsviçre frangı

renminbi yuan

Çin yuanı

roupie

rupi

distributeur automatique

kasa

bureau de change

döviz bürosu

or

altın

argent

gümüş

pétrole

petrol

énergie

enerji

prix

fiyat

contrat

kontrat

taxe

vergi

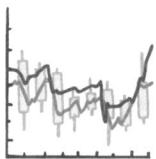

action

menkul değer

travailler

çalışmak

employé

işveren

employeur

işçi

usine

fabrika

magasin

mağaza

professions
meslekler

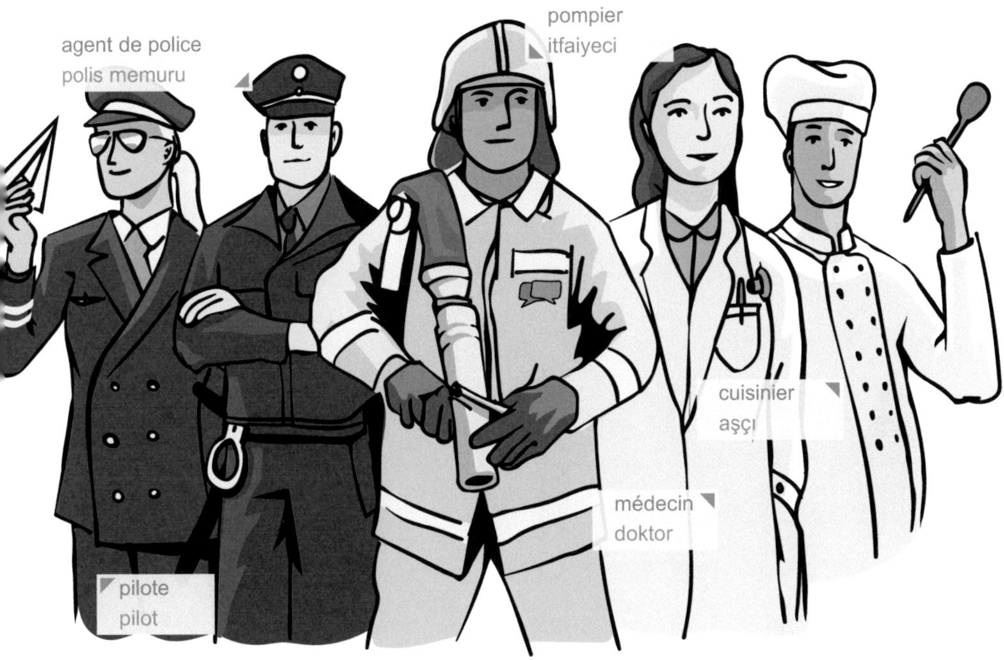
agent de police
polis memuru
pompier
itfaiyeci
cuisinier
aşçı
médecin
doktor
pilote
pilot

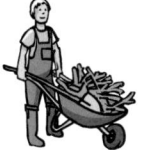

jardinier

bahçıvan

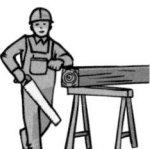

menuisier

marangoz

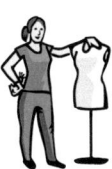

couturière

terzi

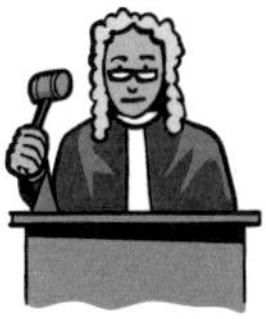

juge

hakim

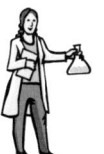

chimiste

kimyager

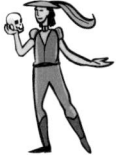

acteur

aktör

conducteur de bus

otobüs şoförü

chauffeur de taxi

taksi şoförü

pêcheur

balıkçı

femme de ménage

temizlikçi

couvreur

çatı ustası

serveur

garson

chasseur

avcı

peintre

boyacı

boulanger

fırıncı

électricien

elektrikçi

ouvrier

inşaatçı

ingénieur

mühendis

boucher

kasap

plombier

muslukçu

facteur

postacı

soldat

asker

architecte

mimar

caissier

kasiyer

fleuriste

çiçekçi

coiffeur

kuaför

contrôleur

kondüktör

mécanicien

tamirci

capitaine

kaptan

dentiste

dişçi

scientifique

bilim insanı

rabbin

haham

imam

imam

moine

keşiş

prêtre

rahip

outils
aletler

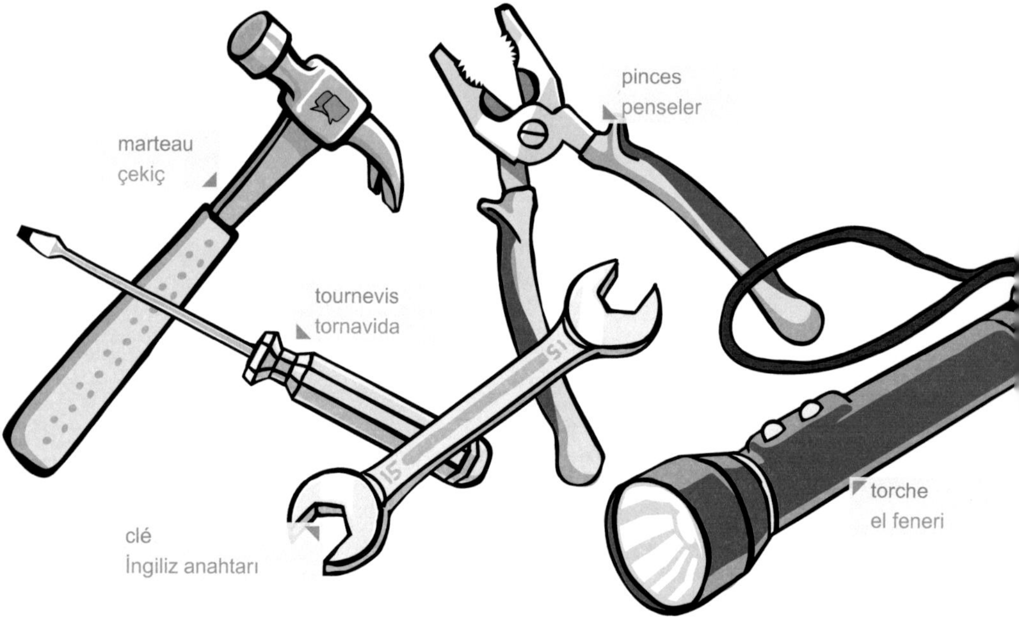

pinces
penseler
marteau
çekiç
tournevis
tornavida
clé
İngiliz anahtarı
torche
el feneri

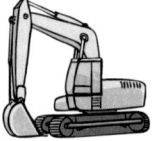

pelleteuse

kazı makinesi

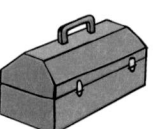

boîte à outils

alet çantası

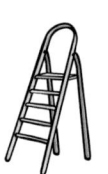

échelle

merdiven

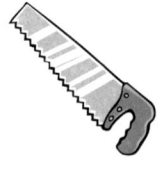

scie

testere

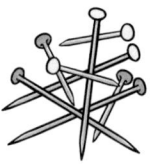

clous

çiviler

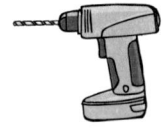

perceuse

matkap

réparer

tamir etmek

pelle

kürek

Mince !

Kahretsin!

pelle

faraş

pot de peinture

boya tenekesi

vis

vidalar

instruments de musique
müzik enstrümanı

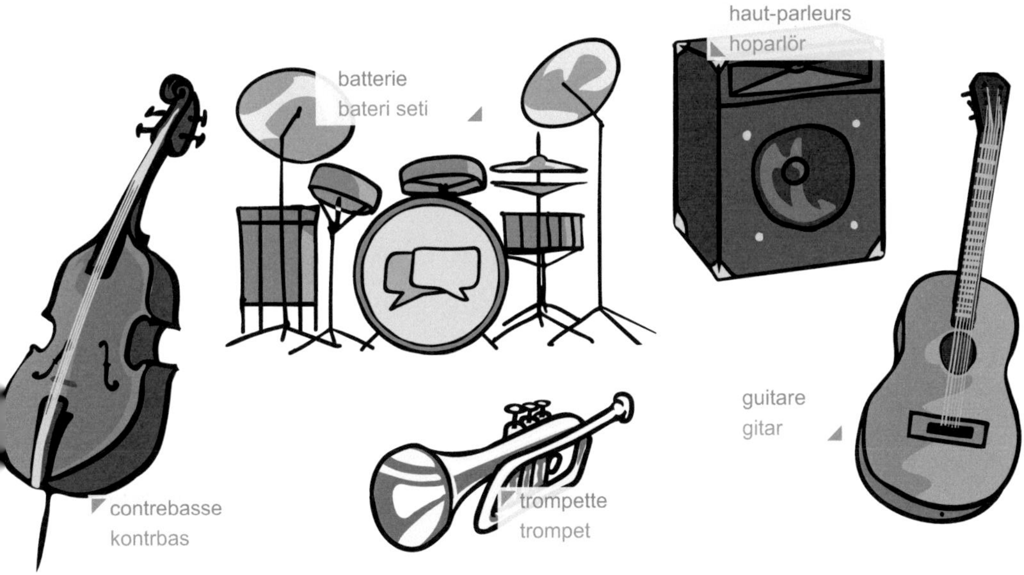

batterie
bateri seti

haut-parleurs
hoparlör

contrebasse
kontrbas

trompette
trompet

guitare
gitar

piano

piyano

violon

keman

basse

basgitar

timbales

timpani

tambour

bateri

piano électrique

klavye

saxophone

saksafon

flûte

flüt

microphone

mikrofon

zoo
hayvanat bahçesi

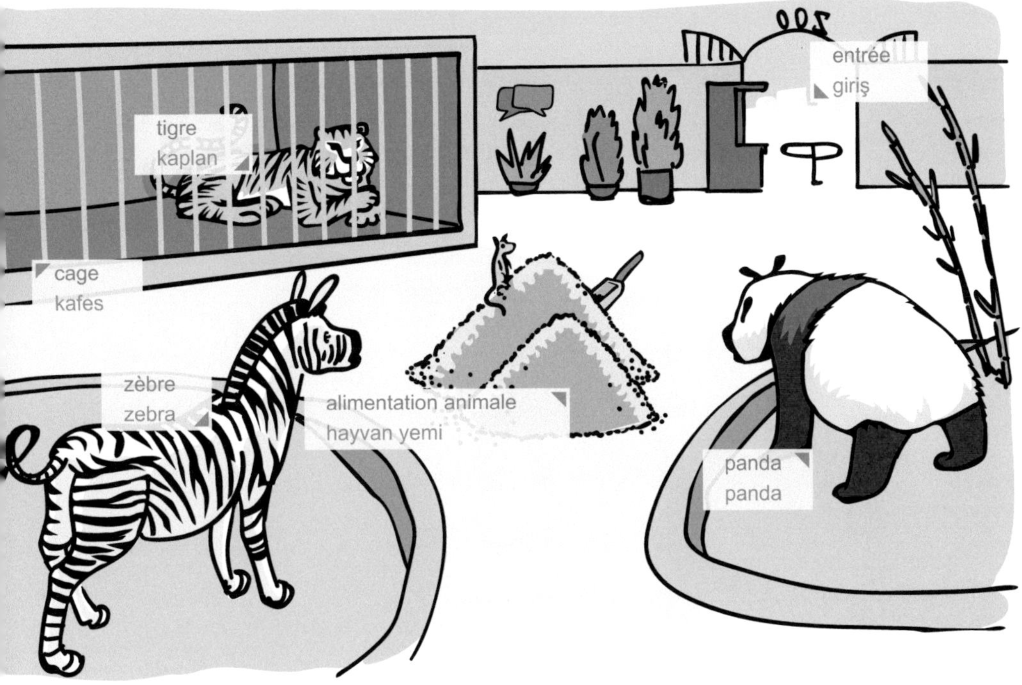

entrée
giriş
tigre
kaplan
cage
kafes
zèbre
zebra
alimentation animale
hayvan yemi
panda
panda

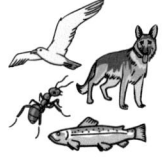

animaux
hayvanlar

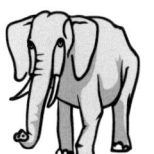

éléphant
fil

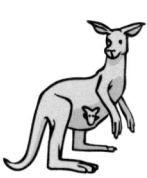

kangourou
kanguru

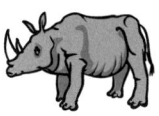

rhinocéros
gergedan

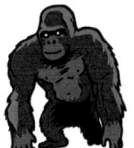

gorille
goril

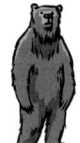

ours
ayı

chameau

deve

autruche

deve kuşu

lion

aslan

singe

maymun

flamand rose

flamingo

perroquet

papağan

ours polaire

kutup ayısı

pingouin

penguen

requin

köpek balığı

paon

tavus kuşu

serpent

yılan

crocodile

timsah

gardien de zoo

hayvanat bahçesi görevlisi

phoque

fok

jaguar

jaguar

poney

midilli atı

léopard

leopar

hippopotame

su aygırı

girafe

zürafa

aigle

kartal

sanglier

yaban domuzu

poisson

balık

tortue

kaplumbağa

morse

mors

renard

tilki

gazelle

ceylan

american Football
amerikan futbolu

cyclisme
bisiklete binme

tennis
tenis

basket-ball
basketbol

natation
yüzme

boxe
boks

hockey sur glace
buz hokeyi

football
futbol

badminton
badminton

athlétisme
atletizm

handball
hentbol

ski
kayak

polo
polo

62

rire
gülmek

sauter
atlamak

embrasser
sarılmak

marcher
yürümek

chanter
söylemek

rêver
hayal etmek

prier
dua etmek

faire la bise
öpmek

écrire

yazmak

dessiner

çizmek

montrer

göstermek

pousser

itmek

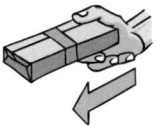

donner

vermek

prendre

almak

avoir

sahip olmak

faire

yapmak

être

olmak

être debout

ayakta durmak

courir

koşmak

trier

çekmek

jeter

atmak

tomber

düşmek

être couché

yalan söylemek

attendre

beklemek

porter

taşımak

être assis

oturmak

s'habiller

giyinmek

dormir

uyumak

se réveiller

uyanmak

regarder

bakmak

pleurer

ağlamak

caresser

vurmak

peigner

taramak

parler

konuşmak

comprendre

anlamak

demander

sormak

écouter

dinlemek

boire

içmek

manger

yemek

ranger

düzenlemek

aimer

sevmek

cuire

pişirmek

conduire

sürmek

voler

uçmak

faire de la voile

denize açılmak

calculer

hesapla

lire

okumak

apprendre

öğrenmek

travailler

çalışmak

se marier

evlenmek

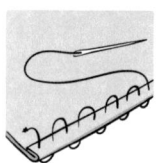

coudre

dikmek

brosser les dents

diş fırçalamak

tuer

öldürmek

fumer

sigara içmek

envoyer

yollamak

grand-mère
büyükanne

grand-père
büyükbaba

père
baba

mère
anne

bébé
bebek

fille
kız

fils
oğul

hôte

misafir

tante

teyze

oncle

amca

frère

erkek kardeş

sœur

kız kardeş

corps
vücut

front
alın
œil
göz
épaule
omuz
doigt
parmak
visage
yüz
menton
çene
main
el
jambe
bacak
poitrine
göğüs
bras
kol

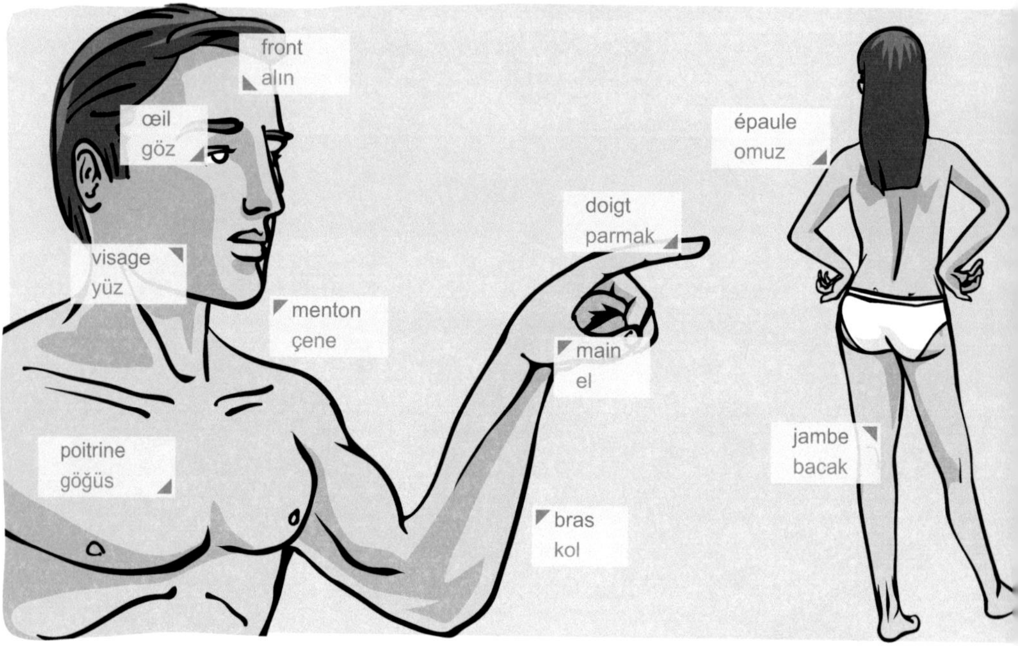

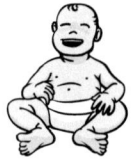

bébé
bebek

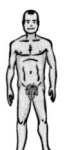

homme
adam

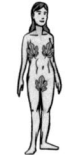

femme
kadın

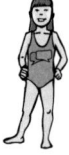

fille
kız

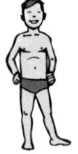

garçon
erkek çocuk

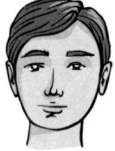

tête
baş

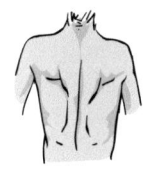

dos
sırt

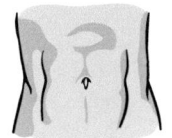

ventre
karın

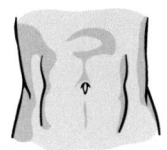

nombril
göbek

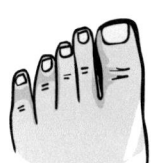

orteil
ayak parmağı

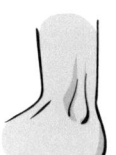

talon
topuk

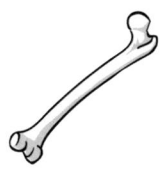

os
kemik

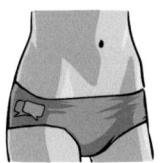

hanche
kalça

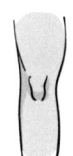

genou
diz

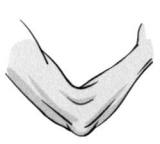

coude
dirsek

nez
burun

fesses
kalça

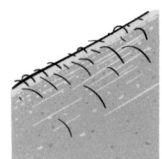

peau
deri

joue
yanak

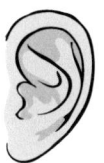

oreille
kulak

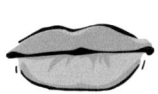

lèvre
dudak

bouche

ağız

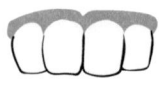

dent

diş

langue

dil

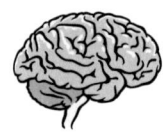

cerveau

beyin

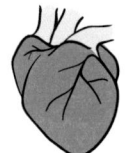

cœur

kalp

muscle

kas

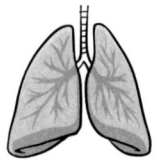

poumons

akciğer

foie

karaciğer

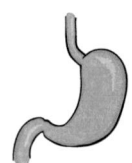

estomac

mide

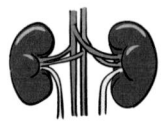

reins

böbrekler

rapport sexuel

seks

préservatif

prezervatif

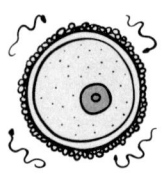

ovule

yumurtalık

sperme

sperm

grossesse

hamilelik

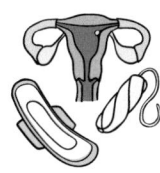

menstruation

regl

vagin

vajina

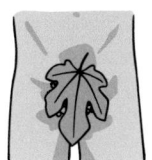

pénis

penis

sourcil

kaş

cheveux

saç

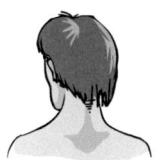

cou

boyun

hôpital
hastane

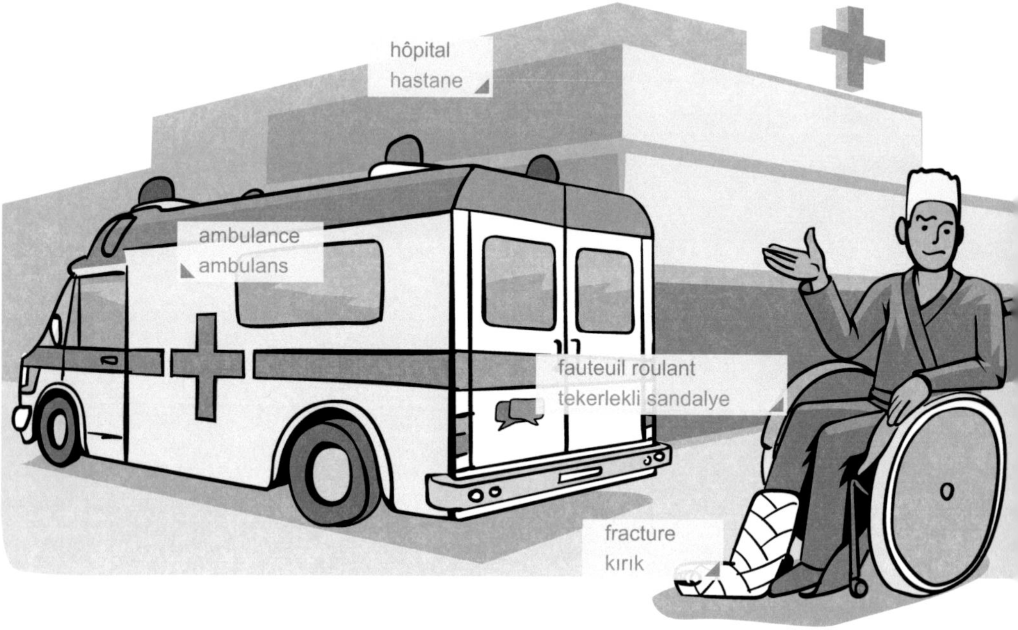

hôpital
hastane
ambulance
ambulans
fauteuil roulant
tekerlekli sandalye
fracture
kırık

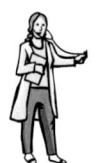

médecin

doktor

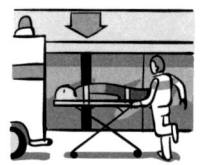

service des urgences

acil servis

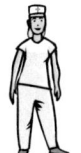

infirmière

hemşire

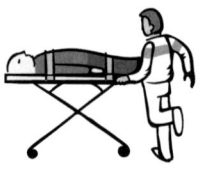

urgence

acil

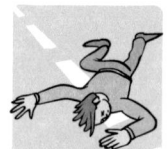

inconscient

baygın

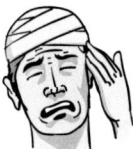

douleur

acı

blessure

yaralanma

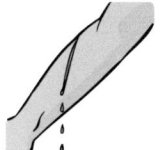

hémorragie

kanama

crise cardiaque

kalp krizi

attaque cérébrale

felç

allergie

alerji

toux

öksürük

fièvre

ateş

grippe

grip

diarrhée

ishal

mal de tête

baş ağrısı

cancer

kanser

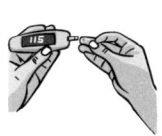

diabète

şeker hastalığı

chirurgien

cerrah

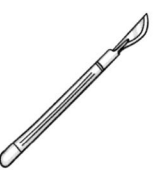

scalpel

neşter

opération

operasyon

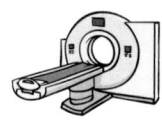

CT

bilgisayarlı tomografi

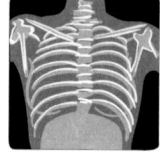

radiographie

röntgen

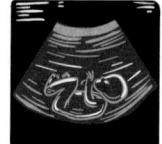

échographie

ultrason

masque

yüz maskesi

maladie

hastalık

salle d'attente

bekleme odası

béquille

koltuk değneği

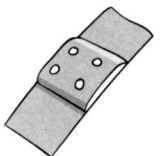

pansement

yara bandı

pansement

bandaj

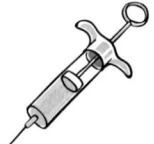

injection

enjeksiyon

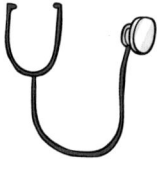

stéthoscope

steteskop

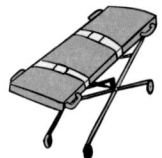

brancard

sedye

thermomètre

tıbbi termometre

accouchement

doğum

surcharge pondérale

fazla kilo

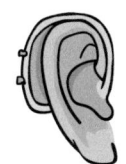

appareil auditif

işitme cihazı

désinfectant

dezenfektan

infection

enfeksiyon

virus

virüs

VIH / sida

HIV / AIDS

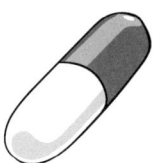

médicament

ilaç

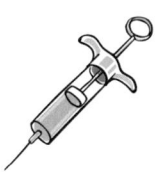

vaccination

aşı

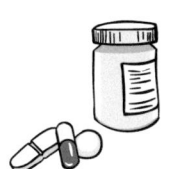

comprimés

tablet

pilule

hap

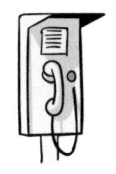

appel d'urgence

acil çağrı

tensiomètre

tansiyon aleti

malade / sain

hasta / sağlıklı

Au secours !

İmdat!

alarme

alarm

assaut

darp

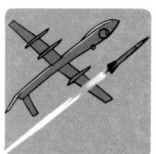

attaque

saldırı

danger

tehlike

sortie de secours

acil çıkış

Au feu!

Yangın!

extincteur

yangın tüpü

accident

kaza

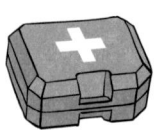

trousse de premier secours

ilk yardım çantası

SOS

imdat

police

polis

Europe

Avrupa

Amérique du Nord

Kuzey Amerika

Amérique du Sud

Güney amerika

Afrique

Afrika

Asie

Asya

Australie

Avustralya

Océan atlantique

Atlantik

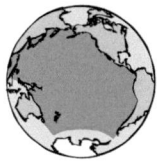

Océan pacifique

Pasifik

Océan indien

Hint Okyanusu

Océan antarctique

Antarktika Okyanusu

Océan arctique

Arktik Okyanusu

pôle nord

Kuzey Kutbu

pôle sud

Güney Kutbu

Antarctique

Antarktika

terre

dünya

pays

kara

mer

deniz

île

ada

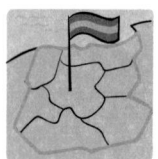

nation

ulus

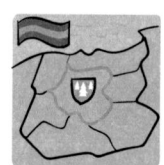

état

ülke

cadran
kadran

aiguille des heures
akrep

aiguille des minutes
yelkovan

aiguille des secondes
saniye ibresi

Quelle heure est-il ?
Saat kaç?

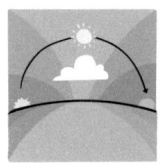

jour
gün

temps
zaman

maintenant
şimdi

montre digitale
dijital saat

minute
dakika

heure
saat

semaine
hafta

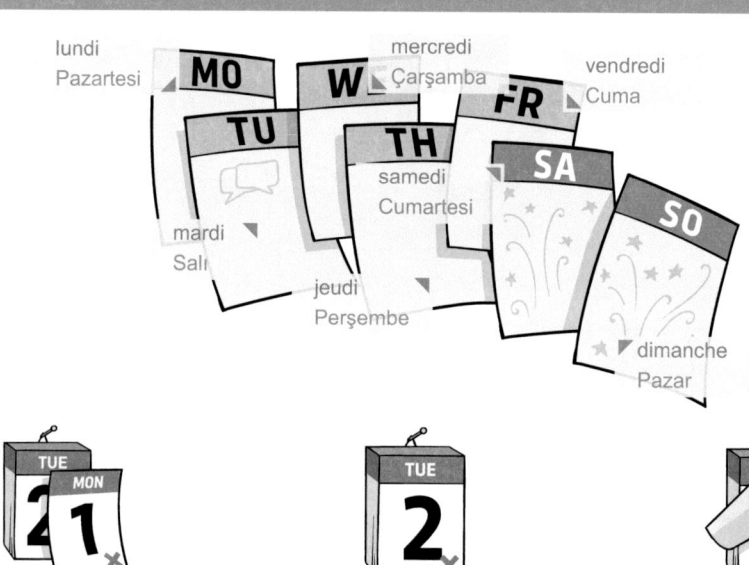

lundi
Pazartesi

mercredi
Çarşamba

vendredi
Cuma

mardi
Salı

samedi
Cumartesi

jeudi
Perşembe

dimanche
Pazar

hier

dün

aujourd'hui

bugün

demain

yarın

matin

sabah

midi

öğle

soir

akşam

jours ouvrables

iş günleri

week-end

hafta sonu

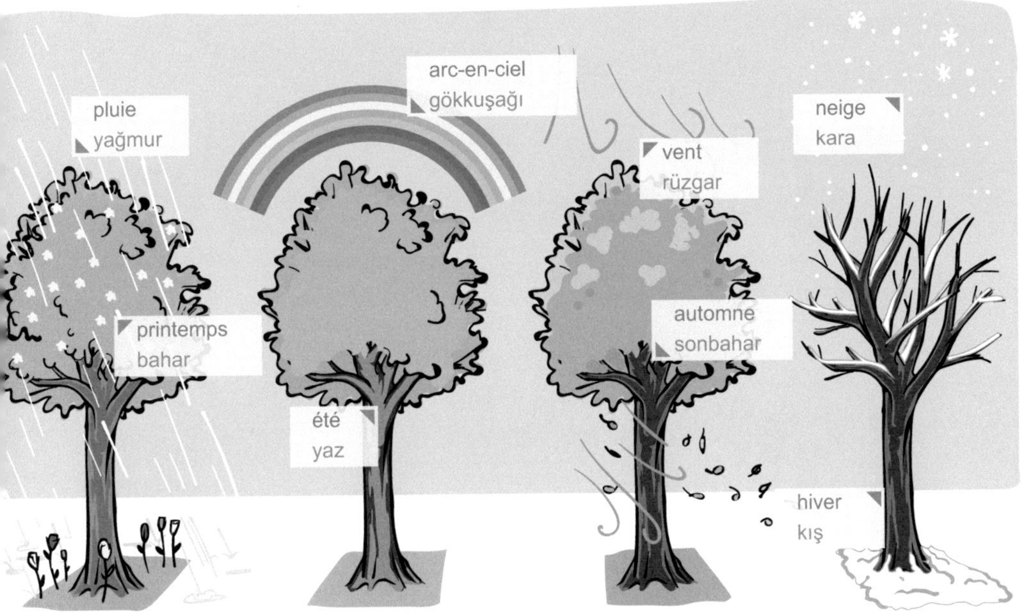

pluie
yağmur

arc-en-ciel
gökkuşağı

neige
kara

vent
rüzgar

printemps
bahar

automne
sonbahar

été
yaz

hiver
kış

météo
hava durumu tahmini

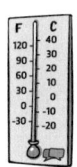

thermomètre
termometre

lumière du soleil
güneş ışığı

nuage
bulut

brouillard
sis

humidité
nem

foudre
şimşek

tonnerre
gök gürültüsü

tempête
fırtına

grêle
dolu

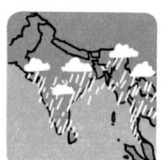

mousson
muson

inondation
sel

glace
buz

janvier
Ocak

février
Şubat

mars
Mart

avril
Nisan

mai
Mayıs

juin
Haziran

juillet
Temmuz

août
Ağustos

année - yıl

septembre

Eylül

octobre

Ekim

novembre

Kasım

décembre

Aralık

formes
şekiller

cercle

daire

carré

kare

rectangle

dikdörtgen

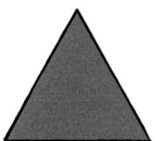

triangle

üçgen

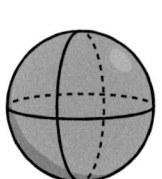

sphère

küre

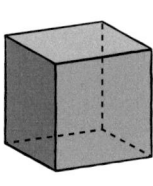

cube

küp

couleurs
renkler

blanc
beyaz

jaune
sarı

orange
turuncu

rose
pembe

rouge
kırmızı

violet
mor

bleu
mavi

vert
yeşil

marron
kahverengi

gris
gri

noir
siyah

beaucoup / peu

çok / az

fâché / calme

kızgın / sakin

joli / laid

güzel / çirkin

début / fin

başlangıç / son

grand / petit

büyük / küçük

clair / obscure

parlak / karanlık

frère / soeur

erkek kardeş / kız kardeş

propre / sale

temiz / kirli

complet / incomplet

tamam / eksik

jour / nuit

gün / gece

mort / vivant

ölü / canlı

large / étroit

geniş / dar

comestible / incomestible

yenilebilir / yenilemez

méchant / gentil

kötü / iyi

excité / ennuyé

heyecanlı / sıkılmış

gros / mince

şişman / zayıf

premier / dernier

ilk / son

ami / ennemi

dost / düşman

plein / vide

dolu / boş

dur / souple

sert / yumuşak

lourd / léger

ağır / hafif

faim / soif

açlık / susuzluk

malade / sain

hasta / sağlıklı

illégal / légal

yasa dışı / yasal

intelligent / stupide

zeki / aptal

gauche / droite

sol / sağ

proche / loin

yakın / uzak

oppositions - zıt anlamlılar

nouveau / usé

yeni / kullanılmış

rien / quelque chose

hiçbir şey / bir şey

vieux / jeune

yaşlı / genç

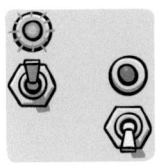

marche / arrêt

açma / kapama

ouvert / fermé

açık / kapalı

faible / fort

sessiz / gürültülü

riche / pauvre

zengin / fakir

correct / incorrect

doğru / yanlış

rugueux / lisse

pürüzlü / düz

triste / heureux

üzgün / mutlu

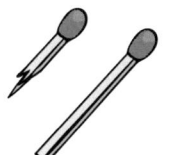

court / long

kısa / uzun

lent / rapide

yavaş / hızlı

mouillé / sec

ıslak / kuru

chaud / froid

sıcak / serin

guerre / paix

savaş / barış

nombres
sayılar

0
zéro
sıfır

1
un / une
bir

2
deux
iki

3
trois
üç

4
quatre
dört

5
cinq
beş

6
six
altı

7
sept
yedi

8
huit
sekiz

9
neuf
dokuz

10
dix
on

11
onze
on bir

12

douze

on iki

13

treize

on üç

14

quatorze

on dört

15

quinze

on beş

16

seize

on altı

17

dix-sept

on yedi

18

dix-huit

on sekiz

19

dix-neuf

on dokuz

20

vingt

yirmi

100

cent

yüz

1.000

mille

bin

1.000.000

million

milyon

anglais

İngilizce

anglais américain

Amerikan İngilizcesi

chinois mandarin

Çince (Mandarin)

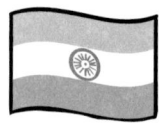

hindi

Hintçe

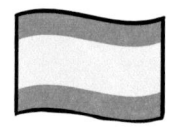

espagnol

İspanyolca

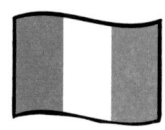

français

Fransızca

arabe

Arapça

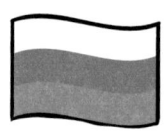

russe

Rusça

portugais

Portekizce

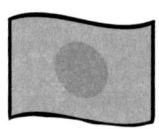

bengali

Bengalce

allemand

Almanca

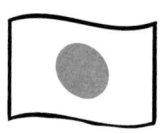

japonais

Japonca

je
ben

tu
sen

il / elle / ce, c', cela
o

nous
biz

vous
siz

ils / elles
onlar

Qui ?
kim?

Quoi ?
ne?

Comment ?
nasıl?

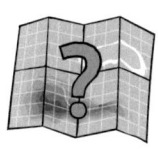

Où ?
nerede?

Quand ?
ne zaman?

nom
isim

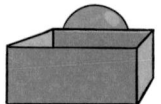

derrière

arkasında

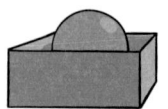

dans

içinde

devant

önünde

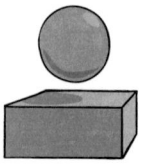

au-dessus

üzerinde

sur

üstünde

en-dessous

altında

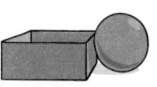

à côté de

yanında

entre

arasında

lieu

yer